Guía para elaborar tu Tesis de Grado de forma Rápida y Sencilla

Ing. Lindsay Rangel A. MRes.

Multigestión Rangel, 2018

1ª edición

Ebook

ISBN: 9781717829924

Editado por MGR

Índice

Introducción

En este libro te explico cómo en diez años de labor he logrado tener la habilidad para poder realizar una Tesis de Grado, Tesina, o Proyecto de Investigación en menos de un mes.

Es importante aclararte que el objetivo de este libro es poder ayudarte a realizar en un tiempo corto, un trabajo de esta índole, en donde te muestro estrategias, herramientas y tips para que esta tarea se te simplifique.

Antes de empezar, quisiera que conozcas un poquito de mi historia, cuando cursaba mi carrera universitaria me dedicaba a elaborar monografías para estudiantes bachilleres, y con esto podía solventar algunos gastos de mis estudios; una vez graduada de Ingeniería Industrial, me especialicé en el área de Proyectos, y fue gracias a mi profesor de esa materia que me recomendó con unos alumnos suyos, para que les diera asesoría de cómo se realiza un Plan de Negocios, que empecé a ver una oportunidad de negocio. Fue en el año 2007 que inicié con mis servicios de asesoría en investigación, y en el lapso de más de diez años he podido reducir el tiempo en que desarrollo un trabajo de este tipos de tres meses a un mes. No te quiero agobiar más, y vamos a lo que nos interesa.

Capítulo 1. Pautas para elegir el tema de Tesis

El primer paso es la elección del tema de tesis, esto dependerá de qué carrera estés cursando, lo primero que te recomiendo es que preguntes en Secretaría de tu Facultad, cuales son los requisitos para el trabajo que estés haciendo, porque ahí se definen las líneas de investigación, el formato del título, número máximo de palabras en el mismo.

Títulos para tesis Investigativas

La estructura en sí dependerá de la universidad, lo que tienes que tener en claro son las variables en estudio, por ejemplo:

Quieres determinar como el **clima del aula** afecta el **desempeño de los estudiantes**, tienes tus dos variables, la independiente (clima) y la dependiente (desempeño).

Estas son las variables en estudio, ahora al momento de establecer el título te recomiendo ir al Repositorio de tu Universidad, y buscar tesis similares a la que quieres hacer, y de preferencias que hayan sido dirigidas por tu tutor.

A continuación te muestro ejemplos de ambas variables tienen diferente estructura de título dependiendo de la Universidad:

Tabla 1. Estructura de títulos según Universidades

Universidad	Título
Universidad de Guayaquil	Influencia del clima escolar en la calidad del desempeño educativo, en los estudiantes del 9no grado de educación general básica de la Unidad educativa fiscal Ciudad de Ibarra, distrito 1 zona 8 de la ciudad Guayaquil, periodo lectivo 2016-2017.
UNIR	El buen clima en el aula: una propuesta para su instauración.
Universidad de Chile	La percepción del clima escolar en jóvenes estudiantes de liceos municipales y particulares subvencionados de Santiago. Un estudio descriptivo y de factores asociados
ESPE	El clima escolar en el aula y su relación con el rendimiento académico de los educandos del quinto, sexto y séptimo grado de educación general básica de la Unidad Educativa Alvernia de la ciudad de Quito en el año lectivo 2013-2014
Universidad Nacional Autónoma de México (UNAM)	Las condiciones ambientales en las aulas de Primaria en Iberoamérica y su relación con el desempeño académico
Pontificia Universidad Javeriana de Bogotá	Clima emocional del aula una revisión sistemática
Pontificia Universidad Católica del Perú	Fortalecer el clima escolar para mejorar los desempeños de los estudiantes del segundo grado de educación secundaria de la I.E. Alejandro Sánchez Arteaga del distrito de La Arena: plan de acción

Elaborado por: Lindsay Rangel A.

Como observamos, pese a que estamos tratando las mismas variables, la forma de diseñar el título depende de la Universidad, por lo que, lo único que necesitas es tener claramente definida que variables vas a estudiar, por tanto:

El primer paso es definir qué variables vas a usar y redactar según las normas o exigencias de tu Universidad.

Cuando estés en la búsqueda de tesis similares, no te olvides de guardarlas en una carpeta porque te servirán para hacer los Antecedentes Investigativos...

Temas para proyectos de emprendimiento o Planes de Negocios.

Si tu trabajo trata la realización de un emprendimiento o plan de negocios te recomiendo lo siguiente:

- Proyecto que sea innovador.

- Idea que se ha aplicado en otro país, pero no en el tuyo.

- Algún negocio que tú quieras implementar (la mejor opción, porque el estudio te va a servir a futuro).

- Revisa las páginas web de tu país sobre negocios internacionales, por ejemplo en Ecuador hay una página llamada ProEcuador, en donde se encuentran guías de negocios de otros países y las oportunidades de producción y exportación. (Este tip es recomendado para carreras de Comercio Exterior)

Estos son links en los que puedes encontrar información sobre oportunidades de producción y exportación:

- Ecuador: https://www.proecuador.gob.ec/
- España: https://www.icex.es/icex/es/index.html
- Colombia: www.procolombia.co
- Perú: https://www.promperu.gob.pe
- México: http://www.promexico.mx/

En el caso que el Plan de Negocio sea para una empresa existente, es necesario que te asegures que tienes todo el apoyo de la empresa en cuestión. Muchos proyectos no avanzan por este motivo, al principio la empresa "te apoya", pero al momento de tomar fotografías de los procesos, o de hacer encuestas, o cuando necesitas información contable o de proveedores, no te apoyan y se justifican porque es información confidencial. Asegúrate de contar con la disponibilidad de los datos necesarios para la elaboración de tu investigación.

Esta sugerencia también va para aquellas Tesis o Trabajos de Investigación que se enfocan en el mejoramiento de una Empresa. Muchas veces cuando asesoro a futuros Ingenieros en Contabilidad o Auditores, me he topado con la desagradable situación que ya elaborado el planteamiento del problema, el marco teórico, y otros aspectos previos, surge el inconveniente que la empresa se niega a prestar sus estados financieros.

Es por esto que a dichos estudiantes les recomiendo que: a) se aseguren con los estados financieros antes de hacer probar el tema y b) que la empresa en la que tienen que hacer una mejora debe ser una compañía registrada en la Superintendencia de Compañías (en Ecuador). Pues esta institución tiene abierto al público los estados financieros, informes de auditoría y Notas del Gerente de cada una de las empresas registradas, lo cual facilita la obtención de los datos necesarios para desarrollar el trabajo.

Como última recomendación, si estás seguro de que el tema escogido por ti es el ideal, y no se ha hecho en tu Universidad, defiende tu tema, la función del director debe ser para modificar la forma como redactar el tema, mas no de cambiarte la idea. Muchas veces me he topado con clientes que no saben qué hacer con sus trabajos de Tesis, porque el tema fue IMPUESTO por el tutor o por el docente. Recuerda que tú y solo tú eres el responsable de obtener la información y si te acoges a un tema que desconoces vas a perder tiempo o peor aún vas estar inseguro de lo que haces, lo cual se va a ver reflejado en la sustentación o defensa.

Mira el video Tips para definir tu Tema de Tesis, TFG, Tesina, Proyecto Investigativo:
https://youtu.be/q7DBL9J9CUo

Capítulo 2. La Estructura de la Tesis

Para desarrollar la estructura de tu tesis te recomiendo que consultes el Repositorio de tu Universidad y busques unos tres trabajos con temática similar a la tuya, dirígete al índice y cópialo en tu archivo pero sin formato, en la parte de Marco Teórico modifica aquellos aspectos que vas a tratar en tu Tesis. La idea de que sean similares es para que tengas una idea de cómo debe estar estructurado tu temática.

Imaginemos que tu tema haya quedado de esta manera:

La calidad del servicio y su influencia en la satisfacción de los clientes de la Empresa de Asesoría "El Fortachón" de la ciudad de Jipijapa.

Ya aprobado el tema, busco una tesis similar, y copio el índice:

Tesis Similar: La calidad del servicio y su influencia en la satisfacción de los clientes de la Empresa Siscomdis de la ciudad de Ambato.

Estructura de Tesis Similar:

Una vez que tienes la estructura, borra las partes que he sombreado de amarillo, que son: las páginas y aquellos datos puntuales que no tienen nada que ver con tu tesis, en este ejemplo observamos que en la propuesta hay datos puntuales relacionados a los resultados obtenidos en dicho estudio, como aún se desconoce cuáles son tus resultados, aún no puedes definir qué vas a proponer.

Al momento de hacer el índice toma como referencia tres tesis de forma que quede mejor pulida tu estructura. Cuando la tengas lista, colócale formatos (previamente arreglados), para que veas de mejor manera esta parte, elaboré el siguiente video que te servirá de guía en el índice automático: https://youtu.be/X96eMIuBQwI

Introducción

La introducción del trabajo es considerada en el mundo de las ciencias desde un lenguaje metafórico como la "carta de presentación" de la obra.

Para su redacción correcta, se debe orientar a los estudiantes la revisión de los aspectos planteados en su proyecto de investigación, los cuales pueden servir como puntos de partida.

Luego es importante reflexionar con los tutorados sobre algunas interrogantes como: ¿Existe en el mundo y en el país alguna experiencia relacionada con esta investigación y con resultados similares o diferentes? ¿Cuáles han sido los resultados de dicha experiencia? ¿Qué publicaciones hay al respecto y con qué conclusiones?

Es importante destacar si se dispone de información previa sobre investigaciones similares en el país o en el mundo. Describir detalladamente esa información partiendo de: ¿Por qué lo que se ha hecho es insuficiente? ¿En qué sentido es diferente (cuantitativa o cualitativamente) lo que usted realizó?

En la introducción deberá realizarse una breve presentación de la problemática que trata la investigación. Se hace una argumentación teórica y práctica, así como un análisis contextualizado del problema objeto de estudio, enfatizando en las razones que apoyan su selección y justifican la investigación.

Refleja la posición personal del autor en cuanto al análisis del estado actual, tendencias y perspectivas del tema de su investigación, se realiza sobre la base de la revisión bibliográfica.

Incluye además los siguientes aspectos: formulación del problema, objetivo, hipótesis y definición de variables, diseño metodológico, definición de la población y/o la muestra, los métodos empíricos y técnicas, así como el procedimiento seguido en el análisis de la información; tareas científicas.

Se enuncian además cuáles fueron los resultados científicos obtenidos en el trabajo, es decir el nuevo producto que se diseñó, una metodología, estrategia, programa, software, sistemas, proyectos, entre otros.

Justificación

Una vez definido el tema sobre el que se desea investigar, atendiendo a las líneas, programas y proyectos de la carrera, se comienza un proceso de familiarización con la bibliografía que tenga relación con el mismo. Esta revisión permite hacer más claras las ideas y estimular el trabajo de recopilación de información, a los estudiantes se le debe orientar que:

- La revisión de los trabajos previos, incluye las investigaciones realizadas por otros autores, los artículos publicados en revistas científicas, la bibliografía en existencia sobre el tema, entrevistas con especialistas, entre otros.

- El modo más conveniente de recoger datos acerca de los trabajos previos es mediante las fichas bibliográficas y de contenido.

- En determinados momentos del proceso de revisión, debe hacerse un alto para analizar lo que se ha recogido y sintetizar las principales ideas.

- Es recomendable escribir un primer resumen, que permita integrar lo que se ha encontrado, esto facilita obtener una visión de conjunto y una perspectiva de lo que es preciso seguir revisando.

Cuando se escribe la justificación, se explica los elementos conceptuales que fundamentan la investigación, ¿por qué este tipo de investigación y no otra?; ¿en qué difieren el contenido y los elementos esenciales de lo que se ha venido haciendo hasta el momento?; ¿qué elementos teóricos permiten suponer que la investigación es necesaria, oportuna y puede ser efectiva?

En el caso de que la investigación esté enfocada a evaluar algún proceso que se ejecute de cualquier naturaleza, algunas preguntas para la justificación del problema pudieran ser: ¿por qué resulta necesario hacer una evaluación?; ¿por qué en este momento?; ¿cuál es el objeto de la evaluación: una tecnología, un producto, una intervención previa?; ¿en este último caso, en qué medida ha sido evaluada dicha intervención?; ¿en qué sentido es o son insuficientes las evaluaciones previas?; ¿a qué factor atiende la evaluación actual, es decir la que se ha propuesto como contenido del proyecto?; ¿responde a una demanda explícita, o es una iniciativa de los autores del objeto de evaluación?; ¿la entidad evaluativa actual es definitiva o es simplemente parte de una evaluación mayor, más abarcadora o a más largo plazo?.

Si con la investigación se propone un nuevo producto, algunas preguntas en la justificación pudieran ser: ¿por qué y para qué este producto?; ¿qué vacío, qué insuficiencia o qué problema resuelve su existencia?; ¿en qué medida quedan dichos problemas resueltos con la existencia de este producto? Si el producto sustituye o complementa a otro anterior, ¿en qué consistía lo insuficiente, lo inapropiado de dicho producto que le sirve de antecedente?

Problema Científico

El problema científico puede ser enunciado por el investigador de dos formas: como pregunta o de manera afirmativa.

Cuando se define el problema científico, resulta importante entonces delimitar el objeto y campo de estudio del proceso de investigación. El objeto de la investigación, es aquella parte de la realidad que se abstrae como consecuencia de agrupar, en forma sistémica, un conjunto de fenómenos, hechos o procesos. Se delimita cuando está definido el problema y siempre va a ser un proceso de la ciencia que se investiga.

El campo es la concreción del objeto, es la parte del objeto que vamos a transformar o en el cual vamos a aportar. Es importante tener presente que siempre va a ser un concepto más estrecho que el de objeto, es una parte del mismo.

El objetivo de la investigación delimita el campo de acción de la misma, ya que para alcanzarlo, el investigador abstrae solo aquellas partes, cualidades, propiedades y leyes del objeto, que en su sistematización, le permitan desarrollar el proceso investigativo en que se alcanza dicho objetivo.

Una vez que se ha logrado delimitar el objeto y campo, se debe expresar con claridad el objetivo que se pretende alcanzar en el trabajo de investigación.

En el objetivo, se enuncia con claridad el resultado que se espera obtener con la investigación, se formula con la mayor precisión posible.

En una investigación debe existir un solo objetivo fundamental y los objetivos específicos, que van a estar dirigidos al cumplimiento del objetivo general, deben tomar la forma de tareas científicas y ser consignados como tales.

El objetivo en la investigación es además el guía rector para dar solución al problema planteado y debe reflejar el resultado que se aspira alcanzar de una manera sintética. Los objetivos constituyen metas concretas que pueden alcanzarse o no, pero que debe ser posible verificar cuando culmine la ejecución de la investigación.

Algunas sugerencias para redactar los objetivos son:

- No deben ser triviales, con relativa frecuencia puede verse escrito: contribuir a incrementar la calidad de......

- No deben estar contaminados con métodos o procedimientos, como ocurre cuando se escribe: estudiar el grado de satisfacción, mediante la realización de entrevistas personales y mediante la organización de grupos focales.

Algunas instituciones exigen la distinción explícita entre objetivos generales y objetivos específicos. No hay, en principio, ninguna razón para este esquema, que a menudo conduce a la redacción de objetivos generales vagos y faltos de información. Tampoco existe ninguna razón en contra de esta distinción, el autor de la tesis que opte por tomarla en cuenta, debe cuidar que el objetivo general no recoja "el cómo" y además se debe velar por la adecuada correspondencia entre el problema científico, el objetivo general y los específicos.

Una vez que está formulado el objetivo se plantea la hipótesis.

La hipótesis es una suposición, fundamentada teóricamente y comprobable empíricamente, que responde o soluciona, de forma anticipada, el problema científico. Puede ser confirmada o refutada por los resultados de la investigación. La función principal de la hipótesis es orientar la investigación.

Se debe tener en consideración que no todas las investigaciones tienen hipótesis; todo depende del grado de conocimiento sobre el problema que se investiga. Sólo necesitan hipótesis las investigaciones que ya han rebasado la fase exploratoria y se encuentran en fase confirmatoria o de verificación. Intentar forzar la presencia de hipótesis cuando el conocimiento sobre un problema o la propia naturaleza de dicho problema no lo requieren, es uno de los errores más frecuentes que se comente en la práctica.

El tutor debe siempre recordar un bien conocido principio demarcatorio de las hipótesis científicas y es que éstas deben ser "refutables" o "falsificables".

Esto significa que en el contexto de la investigación, puede formularse un enunciado empírico que conduzca al rechazo o refutación de la hipótesis. Por ejemplo, que el tabaco (o el tabaquismo) es un factor de riesgo para enfermedades respiratorias obstructivas crónicas, dejó hace tiempo de ser una hipótesis científica: no es posible imaginar ninguna experiencia que conduzca a revisar una proposición que ya la comunidad científica acepta más allá de cualquier margen de duda razonable.

Otro ejemplo: no tiene sentido formular como hipótesis que el ejercicio físico moderado contribuye a la rehabilitación de pacientes que han sufrido un infarto agudo de miocardio (podría decirse que independientemente del resultado, en cualquier investigación esta es una hipótesis aceptada a priori); sin embargo, sí tendría sentido la hipótesis de que el ejercicio físico moderado contribuye a retardar la progresión hacia la disfunción total del riñón de un recipiente de trasplante renal, porque las evidencias en tal sentido son escasas y contradictorias.

La hipótesis debe cumplir determinados requisitos: fundamentación teórica, contrastabilidad empírica (posibilidad de verificación), generalidad (debe abarcar el mayor círculo de fenómenos de la realidad que le resulte permisible, atendiendo a la cantidad y calidad de los datos empíricos disponibles), formulación adecuada (lenguaje preciso, claro y científico).

Constituye un instrumento fundamental del proceso de investigación, justamente porque es una respuesta previa al problema científico que se está investigando. Como forma de conocimiento (con cierto nivel de probabilidad de ser verdadero), se adelanta al proceso de investigación y prevé los resultados que esperamos encontrar.

La investigación científica, persigue comprobar empíricamente la hipótesis que se ha planteado y lograr el tránsito, del conocimiento probable, al conocimiento confirmado; para ello resulta necesario definir las variables e indicadores.

Una variable ha sido adecuadamente definida desde el punto de vista operacional, cuando los instrumentos o procedimientos basados en ella agrupan datos que constituyen indicadores satisfactorios de los conceptos que intentan representar, los indicadores son las unidades de medida que nos permiten valorar el comportamiento de la variable, su transformación

Capítulo 3. Búsqueda de Información, redacción y citas.

Ya tienes el TEMA, y también el esqueleto o ESTRUCTURA, ahora hay que llenar cada apartado, para esto deberás buscar información relevante, te recomiendo observar este video, donde explico en detalle como Buscar información: https://youtu.be/l_fdJR9DlJk

Para buscar información recuerda que no debes utilizar páginas web "confiables", o web que no te van a aceptar, esta es una lista de las páginas de las que nunca deberías tomar información (porque según mi experiencia, no te van a aceptar):

- https://es.wikipedia.org Te estarás preguntando, pero Esta Página es Confiable, sí, pero lastimosamente muchos tutores no aceptan como fuente, así que mejor no pierdas el tiempo.
- https://es.slideshare.net puedes encontrar buena información pero mejor busca la fuente de dicha información.
- https://www.monografias.com ni te molestes en referenciar esta web, si encuentras algún trabajo interesante, busca el Repositorio Universitario donde esté dicha información, y citas directamente desde la fuente.
- https://www.rincondelvago.com, te preguntarás por qué la menciono, aunque no lo creas muchos

trabajos que he tenido que corregir han utilizado esta página de fuente.

- No utilices páginas web que no sean de dominio propio como los blogs o bloggers, no dan una buena imagen a una Tesis de Grado o Postgrado, merman la calidad investigativa. Tampoco utilices webs que no tenga indicada la fecha ni el autor (necesitas estos datos para poder hacer las referencias automáticas)

Las páginas que sí puedes utilizar son:

- Revistas Científicas
  - http://www.redalyc.org/
  - http://scielo.sld.cu/scielo.php
  - http://biblioteca.clacso.edu.ar/
  - https://doaj.org/
  - http://www.revistas.unam.mx/front/
- Repositorio de Universidades
  - http://repositoriodigital.academica.mx/jspui/handle/987654321/4089
  - http://dspace.udla.edu.ec/
  - http://dspace.ucuenca.edu.ec/
  - En Google coloca Repositorio Universidad (nombre) y ahí encontrarás el enlace.
- Ebooks
  - Por la compra de este ebook te doy gratis acceso a varios Ebooks en mi Drive, los puedes encontrar en el último Capítulo. (Espero te sean de ayuda)
- Libros en el buscador de Google (hay muchos que en su vista previa puedes sacar conceptos básicos)

Una vez que tienes toda la bibliografía necesaria, llega el trabajo de leer y sacar aquella información y conceptos que te servirán de ayuda, por ejemplo, de los repositorios sacarás tesis que te servirán para los Antecedentes Investigativos, y guía para saber qué conceptos tratar en tu marco teórico. De los libros y webs sacarás conceptos, procedimientos a seguir, entre otros.

Es aconsejable que busque archivos en PDF, para que puedas resaltar información y luego poder ir directamente a las partes resaltadas, esto ahorra tiempo.

Otro tip para ahorrar tiempo, es que organices los archivos y los nombres como la referencia, por ejemplo si tienes un pdf escrito por Mendoza (2016), cámbiale el nombre al archivo a **Mendoza_2016.pdf**, esto te facilita la búsqueda en los archivos que has utilizado, y mantienes una carpeta más ordenada.

Cómo redactar según APA

Ver video: https://youtu.be/iA54bKExfg8

Al momento de redactar debes tener en claro lo que es una cita directa y una cita indirecta (parafraseada), la cita directa es la que copias tal cual está en la fuente; y la cita indirecta es la que redactas con tus propias palabras las ideas del autor al que haces referencia, ejemplo:

Ejemplo 1 cita textual con referencia al final

"La comarca de Jipijapa produce en gran abundancia... Se produce una especialísima clase de paja muy fina y tan blanca como la nieve, con la que tejen preciosísimos sombreros tan finos y fuertes que resisten a las más torrenciales lluvias" (Cicala, 1994, pág. 6).

Ejemplo 2 cita textual con referencia al inicio

Cicala (1994) indica que: "La comarca de Jipijapa produce en gran abundancia... Se produce una especialísima clase de paja muy fina y tan blanca como la nieve, con la que tejen preciosísimos sombreros tan finos y fuertes que resisten a las más torrenciales lluvias" (pág. 6).

Ejemplo 3 cita parafraseada (con tus propias palabras)

En los tiempos de la colonia, los habitantes de la comarca de Jipijapa realizaban tejidos que tenían como características principales: finos, resistentes y hermosos (Cicala, 1994). >>> Como es un resumen con tus propias palabras, no se coloca el número de página.

O

Cicala (1994) indica que en los tiempos de la colonia, los habitantes de la comarca de Jipijapa realizaban tejidos que tenían como características principales: finos, resistentes y hermosos.□

Capítulo 4. Aspectos Básicos de la Metodología

La metodología de investigación se puede caracterizar por ser cualitativa, cuantitativa o una combinación de ambas. Existe una mayor tendencia a usar la investigación cuantitativa, sin embargo, en el caso de Tesis de Maestría es de costumbre hacer una combinación de ambas.

Investigación Cualitativa

La investigación cualitativa es la que produce datos descriptivos, con las propias palabras de las personas, habladas o escritas y la conducta observable. Está formada por un grupo de técnicas para la recolección de datos:

- Entrevistas
- Dinámicas con grupos
- Observaciones en el contexto
- Experiencias e historias de vida
- Documentos
- Imágenes y sonidos

Los materiales recogidos describen procesos, rutinas, situaciones y los significados que estos tienen en la vida de las personas.

Fases del proceso de investigación	
Formulación y definición del problema	¿Cuál es el objeto de la investigación? ¿Qué se va a investigar? ¿Por qué?
Exploración previa,	¿Qué información previa tenemos?

documentación y reflexión	¿Cómo se relaciona el investigador con la materia a estudiar? ¿Qué acciones exploratorias previas realizaremos?
Diseño del proyecto	¿Cómo se va a desarrollar el trabajo? ¿Qué técnicas vamos a emplear? ¿Cómo se va a registrar y analizar la información? ¿Cuándo y dónde se van a desarrollar los trabajos?
Trabajo de campo	Acceso al campo y recogida de datos
Procesamiento de los datos	Control de calidad. Codificación. Análisis de los datos.
Informe y presentación de los resultados	¿Cómo es la audiencia del informe? ¿Cuál es la forma más eficiente de presentar la información y de alinearla con el objeto de investigación?

Una particularidad que he encontrado en mis 11 años de experiencia es que la mayoría de tutores consideran que la entrevista es la técnica que debe ser utilizada exclusivamente, muchas veces han mandado correcciones quitando la observación y el análisis de contenido y la hacen reemplazar por la entrevista. La verdad no sé el por qué, pero si lo que quieres es hacer rápido tu trabajo plantea directamente la entrevista, así no pierdes tiempo en correcciones (sin fundamento).

El muestreo en la investigación cualitativa

El investigador cualitativo trabaja fundamentalmente con muestras no probabilísticas. A diferencia del muestreo probabilístico habitual en la investigación cuantitativa, la muestra no probabilística no es un producto de un proceso de selección aleatoria. En lugar de esto, los sujetos en una muestra no probabilística son seleccionados en función de:

- Su accesibilidad.
- Criterios intencionales del investigador.

Esto supone que los resultados no podrán ser utilizados para realizar generalizaciones de tipo estadístico con respecto a toda la población. Pero, en cualquier caso, ese no es el propósito de la investigación cualitativa.

El investigador cualitativo no busca representatividad estadística sino buenos informantes que le permitan obtener la mayor cantidad y profundidad posible de información, entre los tipos de muestreo se tienen:

Muestreo por conveniencia. El muestreo por conveniencia es una estrategia muy habitual por su rápida implementación y bajo coste. Las muestras son seleccionadas en la medida que son accesibles para el investigador. Tiene un serio inconveniente: podríamos no estar accediendo a las fuentes más ricas en información.

Muestreo por conveniencia-consecutivo. Es una variante del anterior, en el que el objetivo del investigador es trabajar con un número determinado, o con la totalidad, de los sujetos accesibles a medida que van apareciendo a lo largo del tiempo; en otras palabras, se atenúan los inconvenientes del muestreo de conveniencia mediante el acceso a una muestra más amplia.

Muestreo cualitativo por cuotas. En esta estrategia de muestreo el investigador se asegura una representación proporcionada de los sujetos en función de un rasgo determinado. Las bases de cuota a menudo suelen estar relacionadas con segmentos socio-demográficos, pero esto no siempre tiene sentido desde el punto de vista de los propósitos de la investigación.

Muestreo discrecional. Con esta estrategia de muestreo, los participantes son elegidos para formar parte de la muestra, con un propósito específico, a criterio del investigador. En este caso, el investigador considera que ciertos sujetos son más adecuados para la investigación, de acuerdo a unos criterios previamente establecidos.

Bola de nieve (o en cadena). Habitual en contextos cerrados, comunidades de difícil acceso o, en general, situaciones en las que el investigador tenga problemas de accesibilidad a la muestra. Consiste simplemente en pedir al primer sujeto que identifique a otro potencial participante (que cumpla los criterios de elegibilidad) y así sucesivamente.

El tamaño de la muestra en Investigación cualitativa

Respecto al tamaño de la muestra es importante remarcar que no hay reglas establecidas, pero sí criterios que nos guían a la hora de diseñar nuestra investigación.

Criterio de saturación. El criterio más común, cuando se dispone de recursos y de tiempo, es el criterio de saturación. Este criterio consiste en acumular datos hasta un momento en el que la información comienza a ser redundante.

Criterio basado en la estrategia de muestreo. A menudo, el tamaño de la muestra vendrá determinado por la estrategia de muestreo. Por ejemplo, si trabajamos con todos los pacientes voluntarios de una clínica que están en tratamiento de una enfermedad determinada, en un período de tiempo, estaremos limitados a los pacientes que concurran a medida que vayan apareciendo nuevos casos, hasta completar el estudio.

Investigación Cuantitativa

La investigación cuantitativa es una forma estructurada de recopilar y analizar datos obtenidos de distintas fuentes. La investigación cuantitativa implica el uso de herramientas informáticas, estadísticas, y matemáticas para obtener resultados. Es concluyente en su propósito ya que trata de cuantificar el problema y entender qué tan generalizado está mediante la búsqueda de resultados proyectables a una población mayor.

Población y Muestra
Entendemos por población o universo el total de elementos, como individuos, empresas o instituciones, sobre los cuales queremos recabar información.

Salvo contadas excepciones, no podemos trabajar con toda la población sino que deberemos hacerlo sobre una pequeña parte de esta dotada de características diferenciadas.

Esas características diferenciadoras de los potenciales clientes que se integran en la subpoblación objetivo deben ser cuantificables a través de variables como edad, estrato social, disponibilidad de determinados artículos como coche, teléfono móvil u ordenador, etc. Una buena definición de la subpoblación objetivo nos ahorrará muchísimo trabajo y permitirá reducir los costes de forma substancial.

Tipo de Variables

La determinación de las variables analizadas y de sus posibles rangos exige clasificarlas. Hay 4 tipos de variables:

CUALITATIVA NOMINAL. Se trata de simples códigos sin valor numérico alguno ni ninguna posibilidad de ordenación. No es posible operar con esos códigos ni someterlos a tratamiento matemático alguno. Podemos clasificarlos, por ejemplo, por orden alfabético, pero es una ordenación estrictamente arbitraria nunca valorativa: sexo, nacionalidad, etc.

CUALITATIVA ORDINAL. Son datos cualitativos que tienen un orden intrínseco aun cuando este no tenga ningún valor intrínseco, por ejemplo el nivel de estudios de aquellos que forman parte de una muestra, su categoría laboral o la categoría de los hoteles medida en estrellas.

CUANTITATIVA DISCRETA. Se trata de valores numéricos asociables a la serie de los números enteros. De ninguna manera pueden ser fraccionados, por ejemplo, nadie puede tener medio hijo, aun cuando si podemos decir que en una población las mujeres tienen una media de 2,3 hijos.

CUANTITATIVA CONTINUA. Las variables son números reales que admiten una completa subdivisibilidad.

El muestreo

En raras ocasiones nos es posible analizar la totalidad de la población implicada en un fenómeno. En general, esa población suele ser demasiado grande por lo que debe recurrir a la construcción de una muestra. Entonces aparece el gran problema de trabajar con muestras que consiste en que las características de la muestra no coincidan con las de la población, es decir, que haya una falta de representatividad.

Para reducir este riesgo se utilizan los muestreos aleatorios en los que todos los elementos que forman parte de la población tienen exactamente la misma probabilidad de ser incluidos en la muestra. Todas las muestras posibles de k elementos tienen la misma probabilidad de ser elegidas.

Técnicas de recogida de datos

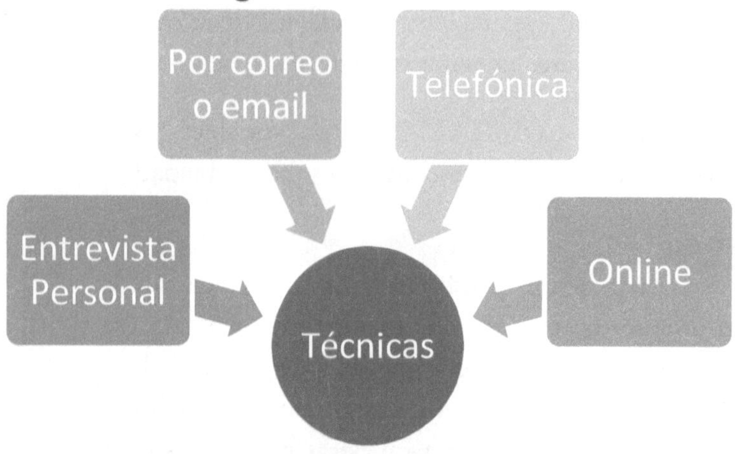

ENTREVISTA PERSONAL o CARA A CARA. Es la más potente de todas, consigue la mayor tasas de respuestas y, además, no solo nos ofrece las respuestas que ha realizado la persona entrevistada sino que también se añaden las impresiones del encuestador. Si este es un profesional competente, entonces puede añadir informaciones importantes como la forma de vestir de quien responde, la actitud del entrevistado respecto al tema: interés, aburrimiento, desconocimiento, etc. Otra ventaja es que puede elegirse cuidadosamente el lugar en el cual se realiza la entrevista, lo cual permite segmentar inicialmente el tipo de personas que responderán.

TELEFÓNICA. La gran ventaja del uso del teléfono es, sin duda, su bajo coste. Las comunicaciones a cualquier distancia son muy baratas y pueden contratarse entrevistadores en países muy alejados con bajo coste de la mano de obra. Su principal inconveniente es la total falta de conocimiento acerca del entrevistado a la que va asociada. Generalmente, no tenemos ningún medio para determinar el entorno de la entrevista ni las condiciones personales de quien responde.

CORREO ELECTRÓNICO. Aquí el principal inconveniente es precisamente la falta de interacción con la persona que contesta, aún mayor que en la encuesta telefónica, ya que se trata de una forma esencialmente anónima. No sabemos nada de quien responde.

ENCUESTA ONLINE. Se realiza a través de páginas web, en las que el entrevistado debe entrar para responder. Las encuestas online están "colgadas" en una página web, como un periódico, una universidad o una empresa y el entrevistado puede acceder a ella de forma totalmente anónima o a través de un sistema informático que exige previa identificación.

En el siguiente enlace podrás ver cómo hacer una encuesta online con formulario de Google (el que más recomiendo). https://youtu.be/DdcTLKd4SOo

Es recomendable que apliques la encuesta a 10 personas, de esta manera podrás detectar posibles fallas y solucionarlas a tiempo. Un ejemplo común es en las preguntas de selección, muchas veces los encuestados mencionan otras opciones que tu no habías considerado, y que valdría la pena incluirlas en tu encuesta.

Métodos teóricos

Permiten la construcción y desarrollo de la teoría científica, así como profundizar en el conocimiento de las regularidades y cualidades esenciales de los fenómenos. Estos cumplen una función gnoseológica importante, ya que nos posibilitan la interpretación conceptual de los datos empíricos encontrados.

Entre los más usados se encuentran:

Análisis – síntesis: El análisis es un procedimiento mental mediante el cual un todo complejo se descompone en sus diversas partes y cualidades; en sus múltiples relaciones y componentes.

La síntesis establece mentalmente la unión entre las partes previamente analizadas y posibilita descubrir las relaciones esenciales y características generales entre ellas; se produce sobre la base de los resultados obtenidos previamente en el análisis.

Abstracción – concreción: Mediante ella se destaca la propiedad o relación de las cosas y fenómenos. Trata de descubrir el nexo esencial y oculto e inasequible al conocimiento empírico. El objeto es analizado en el pensamiento y descompuesto en conceptos. La concreción es la síntesis de muchos conceptos y por consiguiente de las partes. Se reproduce el objeto en el pensamiento en su totalidad, es un proceso de integración en el pensamiento.

Inducción – deducción: La inducción es un procedimiento mediante el cual a partir de hechos singulares se pasa a proposiciones generales. Ayuda a la formulación de la hipótesis, unido a la deducción.

La deducción es un procedimiento que a partir de la generalización se realizan las demostraciones o inferencias particulares. Se logra cadena de enunciados que son premisas o conclusiones que se obtienen de la lógica formal.

Histórico lógico está vinculado al conocimiento de las distintas etapas de los objetos en su sucesión cronológica. Para conocer la evolución y desarrollo del objeto o fenómeno de investigación se hace necesario revelar su historia, las etapas principales de su desenvolvimiento y las conexiones históricas fundamentales. Caracteriza al objeto en sus aspectos más externos, más fenomenológicos.

Métodos empíricos

Los métodos empíricos permiten la obtención y elaboración de los datos empíricos y el conocimiento de los hechos fundamentales que caracterizan a los fenómenos.

Observación científica: Consiste en la percepción directa del objeto de investigación y de los fenómenos asociados a éste. Resulta una forma de acceder a la información directa e inmediata sobre el proceso, fenómeno u objeto que está siendo investigado.

Cualidades: Es consciente, se orienta hacia un objetivo o fin determinado, debe ser objetiva y cuidadosamente planificada.

Se hace necesario que se establezca la definición de los objetivos, la delimitación de los aspectos que se van a observar, su definición operativa y la precisión de las mejores formas de recoger la información.

Ante todo, el observador debe conocer el fenómeno que se observa. La ventaja fundamental del método de observación radica en que el fenómeno se investiga directamente y se puede apreciar el proceso de su desarrollo.

Se requiere la elaboración previa de un plan que contenga:

☐ Objeto de observación.

☐ Objetivos de la observación.

☐ Tiempo total y frecuencia de las observaciones.

☐ Cantidad de observadores.

☐ Tipo o tipos de observación que se utilizarán, (directa-indirecta, abierta-cerrada, continua-discreta, participante).

☐ Aspecto o aspectos que han de observar en el objeto de investigación.

☐ Definición de los aspectos que han de observarse y los indicadores cualitativos para la valoración de los distintos aspectos

La encuesta: Es una técnica de recogida de información donde, por medio de preguntas escritas organizadas en un formulario impreso, se obtienen respuestas que reflejan los conocimientos, opiniones, intereses, necesidades, actitudes o intenciones de un grupo más o menos amplio de personas; se emplea para investigar masivamente determinados hechos o fenómenos.

La entrevista: Constituye una técnica de interrogación, donde se desarrolla una conversación planificada con el sujeto entrevistado. Por tanto, a diferencia de la encuesta, que se realiza a través de cuestionarios que son contestados por las personas de forma relativamente autónoma, con una intervención limitada del encuestador y casi siempre de forma escrita, la entrevista se basa en la presencia directa del investigador, que interroga personalmente.

Cuestionario: Es un instrumento básico de la observación, la encuesta y la entrevista. Entre sus principales características se encuentran:

- Se formula una serie de preguntas que permiten medir una o más variables.
- Puede ser masivamente aplicado, pudiéndose obtener información sobre una gama amplia de aspectos o problemas definidos.
- Las preguntas pueden ser directas o indirectas, abiertas o cerradas.

Capítulo 5. Recopilación, Tabulación y Análisis de Datos

Recopilación de Datos

La recopilación de datos es la parte más importante de tu trabajo de Tesis, es donde consigues datos primarios que ayudarán al desenlace de tu investigación. Es por esto que deberás prestar sumo cuidado al desarrollo de las preguntas, deben ser fáciles de entender para los encuestados o entrevistados. Como mencioné anteriormente, lo más usual es que tengas que hacer encuestas.

Ten en cuenta que las preguntas deberán responder a los objetivos de investigación, es decir que si en los objetivos planteaste:

- Determinar la aceptación de jugos de mora y aguacate en el mercado peruano.

Debes hacer preguntas que te permitan lograr este objetivo, por ejemplo: ¿Estaría dispuesto en adquirir jugo de mora y aguacate? Sí, No, Tal vez.

Algunas reglas básicas para la elaboración del cuestionario:

- Hay que partir de la hipótesis formulada, lo que se traducirá en preguntas específicas para el cuestionario.
- Establecer la necesidad de cooperación del encuestado.
- Lo valioso de la información debe estar en lo que se solicita.
- Que no existe motivo encubierto o no confesado en la finalidad perseguida.

- Uso confidencial de la información que se brinda en la encuesta.
- Lo fácil y rápido que puede contestarse el cuestionario.
- Las preguntas deben ser claras.
- Cada término debe ser comprendido.
- No deben de plantearse dos preguntas en una.
- La pregunta debe formularse de manera positiva.
- La construcción de la respuesta no debe inducir expresiones ambiguas.
- Las preguntas no deben ser tendenciosas.
- Las preguntas no deben exigir mucho esfuerzo de la memoria.
- Las preguntas deben ser construidas de forma tal que no constituyan un conflicto para el sujeto.
- El orden de las preguntas debe de disponerse con arreglo a las características psicológicas de las mismas, de lo impersonal a lo personal.
- Se debe contrarrestar el efecto de monotonía en la variante de respuesta.
- Debe de inducirse una pregunta final que recoja la impresión del interrogado respecto al cuestionario.

A continuación te dejo ejemplo de encuestas, que te servirán de guía:

Ejemplo de encuestas

Encuestas para proyecto Investigativo

1. **Sector Pesquero**

Artesanal   (   )
Industrial   (   )

2. Tiempo dedicado a la actividad pesquera

Menos de 1 año   (   )
De 1 a 3 años   (   )
De 4 a 6 años   (   )
De 7 a 10 años   (   )
Más de 10 años   (   )

3. Señales que actividades efectúa

      a.   Captura   (   )
      b.   Procesamiento
             i.   Pesca fresca   (   )
            ii. Congelados   (   )
           iii. Enlatados   (   )
           iv. Otros con valor agregado (   )

      c.   Comercialización   (   )
      d.   Exportación   (   )

4. Provee usted fuentes de empleo

SI   (   ) ¿Cuántas?_____________________
NO   (   )

5. ¿Ha necesitado acceder a créditos financieros para invertir en su negocio?

SI   (   )
NO   (   )
Motivo:____

6. ¿Ha tenido inconvenientes al momento de solicitar un préstamo?

SI   (   )
NO   (   )
Cuál (es)____

7. De las siguientes opciones, cuál considera usted es la que imposibilita la petición de un crédito:

      a.   Tasas de interés muy altas
                 (   )
      b.   Proceso del crédito es muy largo
                 (   )
      c.   Condiciones de aprobación del crédito son muy difíciles()
      d.   La cantidad de crédito disponible no es suficiente
                 (   )

e. Las garantías exigidas son muy altas

(   )

8. Con base en su experiencia, ¿cuál es la institución financiera que usted prefiere utilizar en la ciudad de Manta?

a. Banco del Pichincha   (   )
b. Banco Comercial de Manabí   (   )
c. Banco de Machala   (   )
d. Produbanco   (   )
e. BanEcuador   (   )
f. Banco del Austro   (   )
g. CFN   (   )

Motivo:____

9. ¿En la actualidad cuenta con un crédito destinado a sus actividades comerciales?

SI   (   )

a. En que institución financiera_______________
b. Tipo de crédito____________________________
c. Tasa de interés____________________________
d. Plazo del crédito__________________________
e. Tiempo que demoró el proceso de crédito____________

NO   (   )

10. ¿Conoce usted cuáles son sus obligaciones tributarias?

a. Sí   (   )
b. No   (   )

11. Lleva usted un registro de ingresos y egresos

a. Sí   (   )
b. No   (   )

12. Presenta a tiempo sus declaraciones

a. Siempre   (   )
b. Casi siempre   (   )
c. Casi nunca   (   )
d. Nunca   (   )

13. Requiere usted servicios profesionales para el llenado de los formularios tributarios.

a. Sí   (   )

b.   No   (   )

14. Como califica usted el que exista un taller de capacitación tributaria enfocada en el sector pesquero.
   a.   Muy importante   (   )
   b.   Importante   (   )
   c.   Poco importante   (   )
   d.   Nada importante   (   )

Ejemplo de encuesta para Estudio de Selección de Personal

Objetivo de la encuesta: Recabar información para el diseño de un manual de selección de personal basado en competencias laborales, en base a un análisis de desempeño en la empresa XX de la ciudad de XX.

La información solicitada es de carácter confidencial y exclusivamente para investigación, de antemano agradezco su colaboración.

DATOS PERSONALES

Tiempo de trabajo en la empresa: ______________________________

Puesto de trabajo:____

1.   ¿Considera usted que las funciones de su puesto de trabajo están claramente definidos?
   a.   Sí
   b.   No

2.   Al ingresar en la empresa fue sometido a un proceso de selección
   a.   Sí
   b.   No

3.   De las siguientes opciones señale a que pruebas de conocimiento fue sometido al momento de ingresar en la empresa:
   a.   Cultura general
   b.   Conocimientos profesionales
   c.   Conocimientos técnicos

4.   Al ingresar a la empresa fue sometido a test psicológicos
   a.   Sí

b. No

5. Al ingresar le informaron sobre la empresa
   a. Sí
   b. No

6. Al ingresar a la empresa fue sometido a pruebas médicas
   a. Sí
   b. No

7. ¿Cómo usted se enteró de la empresa?
   a. Anuncio en el periódico
   b. Anuncio en internet
   c. Por familiares y amigos

Ejemplo de encuesta de Estudio de Mercado para un nuevo Servicio

Objetivo de la encuesta: Conocer la aceptación del servicio de limpieza de hogares por parte de la ciudadanía y determinar la factibilidad en la implementación de una empresa que brinde estos servicios en la ciudad de XXX. La información solicitada es de carácter confidencial y exclusivamente para investigación, de antemano agradezco su colaboración.

DATOS PERSONALES
Sexo: Masculino ( ) Femenino (   )
Edad: _____________
Ocupación:

____

Ingreso promedio mensual:
400 a 600 (   )   600 a 800 (   )   más de 800 (   )

1. ¿Dispone usted de personal de servicio doméstico?
   SI   (   )   NO (   )
En caso de responder NO pase a la pregunta # 3.

2. ¿Está satisfecho con el servicio doméstico que dispone?
   SI   (   )   NO (   )

3. ¿Le gustaría contar con una empresa que brinde servicio de limpieza externo?

SI   (   )   NO (   )

En caso de responder NO se da por finalizada la encuesta.

4. ¿Con que frecuencia le gustaría realizar las tareas de limpieza de su hogar?

    a)   Diariamente   (   )
    b)   Tres veces por semana   (   )
    c)   Dos veces por semana   (   )
    d)   Semanalmente   (   )
    e)   Quincenalmente   (   )
    f)   Mensualmente   (   )

5. ¿Cuáles de las siguientes actividades de limpieza estaría usted interesado?

    a)   Limpieza de pisos   (   )
    b)   Limpieza de alfombras   (   )
    c)   Limpieza total de cocina   (   )
    d)   Limpieza y desinfección de baños   (   )
    e)   Lavado de ventanas   (   )
    f)   Remoción de polvo   (   )
    g)   Lavado de cortinas o persianas   (   )
    h)   Limpieza de techos   (   )
    i)   Limpieza de Jardines   (   )

6. ¿Cuál es el presupuesto mensual que invertiría en el servicio de limpieza de su hogar?

    a) $50 a $75   (   )
    b) $75 a $100   (   )
    c) $100 a $125   (   )
    d) $125 a $150   (   )
    e)   más de $150   (   )

7. ¿A través de que medio o medios le gustaría recibir información sobre el servicio?

    a)   Anuncios en prensa
    b)   Correo electrónico
    c)   Vallas Publicitarias
    d)   Televisión
    e)   Radio
    f)   Redes sociales (Facebook)

g)   Volantes

Ejemplo encuesta Nuevo Producto

Objetivo de la encuesta:
Recopilar la información necesaria para determinar la demanda de GREEN DECOR, empresa productora y comercializadora de muebles ecológicos elaborados con pallets reciclados, que permitan el desarrollo socio-económico de la ciudad de XXX.

Género: Masculino (x   ) Femenino (   )
Edad: de 18 a 25 (   )de 26 a 35 (x)de 36 a 45 (   ) 46 o más (   )
Nivel de Ingresos: de 401 a 600 (   ) de 601 a 800 (x   ) de 801 a 1000 (   ) más de 1001(   )

Instrucciones: Una vez observadas las imágenes de los productos GREEN DECOR, por favor responda con sinceridad a las preguntas que se plantean a continuación:

1.   ¿Qué opina del producto?
    a.   Es muy interesante   (x   )
    b.   Es interesante   (   )
    c.   Neutro   (   )
    d.   Poco interesante   (   )
    e.   Nada interesante   (   )

2.   ¿Cuál de los siguientes aspectos le atrae más del producto?
    a.   Es ecológico   (   )
    b.   El diseño   (x   )
    c.   Es atractivo   (   )
    d.   Es innovador   (   )

3.   ¿Estaría dispuesto en adquirir este producto?
    a.   Sí   (x)
    b.   No   (   )
Por qué?____
Nota: En caso de responder no, se da por terminada la encuesta

4.   De los siguientes medios de comunicación, cuál preferiría para conocer más sobre nuestros productos?
    a.   Prensa   (   )
    b.   Volantes   (   )

c. Revistas   (   )
d. Catálogos   (   )
e. Publicidad en internet   (x)
f. Redes sociales   (   )
g. Vallas publicitarias   (   )

5. ¿De las siguientes opciones, cual preferiría para adquirir este tipo de muebles?
    a. Almacenes de muebles   (   )
    b. Sala de exposición   (x)
    c. Internet (tienda en línea) (   )

6. Cuánto estaría dispuesto a pagar por un juego de mueble de estas características:
    Nota: el color de la madera y de los cojines pueden ser el de su elección.
    a. Menos de 200   (   )
    b. De 201 a 300   (   )
    c. de 301 a 400   (   )
    d. de 401 a 500   (x)
    e. más de 500   (   )

7. Elija la forma de pago que aplicaría en este tipo de compras
    a. Contado   (x)
    b. Tarjeta de crédito (   )
    c. Plan acumulativo (   )

¡Muchas gracias por su atención!

Tabulación y Análisis de Datos

Si elaboraste las encuestas de forma online, como se te mostró en el video, solo necesitas descargar los datos en una hoja en Excel y de ahí elaboras los gráficos. El formulario Google también te proporciona los gráficos, pero es mejor que los elabores en una hoja de cálculo, para una mejor presentación.

Ejemplo de Tabulación y Análisis:

1. ¿Considera usted que las funciones de su puesto de trabajo están claramente definidos?

Tabla 3: ¿Los puestos de trabajo están claramente definidos?

Variables	Frecuencia	Porcentaje
Sí	30	78,95%
No	8	21,05%
Total	**38**	**100,00%**

Fuente: Encuesta al personal de trabajo de XX S.A.
Elaboración: Autora

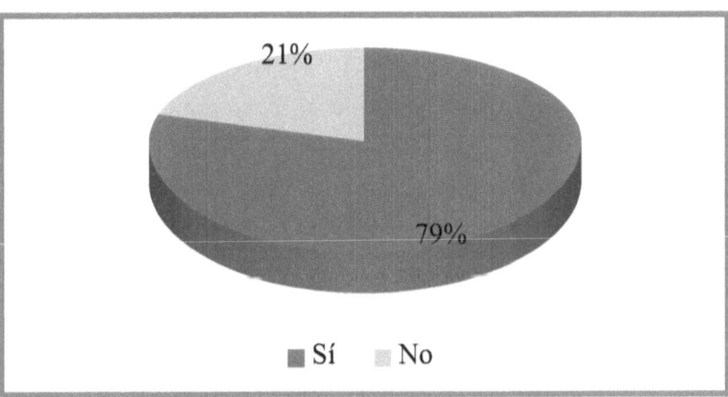

Figura 1: ¿Los puestos de trabajo están claramente definidos?
Elaboración: Autora

Análisis.-

Del 100% de los trabajadores encuestados el 78,95% considera que los puestos de trabajo están claramente definidos; y un 21,05% manifestó que no.

Es necesario delimitar por escrito cada una de estas funciones para evitar posibles conflictos interestructurales.

Una vez que has terminado de analizar e interpretar los datos, en una hoja aparte haz un listado de los resultados más relevantes, esto te servirá para realizar las conclusiones y recomendaciones.

Capítulo 6. Conclusiones y Recomendaciones

Para la elaboración de las Conclusiones tomarás en cuenta el listado que te propuse elaborar en el apartado anterior. Se acostumbra la redacción con base en los objetivos, ejemplo:

Con base en los objetivos planteados al inicio de la investigación se concluye:

Objetivo específico 1: Identificar los problemas que afectan a los sectores céntricos de la Ciudad, difundidos por el Diario la Marea en el año 2014.

Se logró identificar que los principales problemas que aquejan a los moradores de los barrios céntricos son vías en mal estado, inconvenientes con el sistema de alcantarillado, exigencias por el control municipal, inseguridad, y apagones; al agrupar los problemas detectados, se tiene que más de la mitad son de responsabilidad del Municipio de Manta, seguido por la EPAM y CNEL.

Objetivo específico 2: Determinar si la estructura, el espacio, y el contenido de las notas informativas que se generan desde la comunidad en el diario La Marea, son los convenientes para generar reacción en las autoridades.

Se determinó que más del 56% de las notas emitidas por La Marea no tienen imagen que proporcione una mejor apreciación de la problemática, muchas de las notas informativas tienen la particularidad de no ofrecer información específica de donde ocurrieron los hechos, por lo que podrían no generar reacción de las comunidades. Según las entrevistas aplicadas sólo dos de las cuatro autoridades entrevistadas sí han tomado en consideración ciertas notas emitidas, pero hacen hincapié en que prefieren obtener este tipo de información de la radio que de la prensa escrita, y recalcan la importancia de que la noticia sea verificada pues ha habido ocasiones en que ya se ha dado solución al problema y aún se sigue reportando en diario La Marea.

Objetivo específico 3: Establecer la percepción sobre la credibilidad y confiabilidad que tienen los líderes barriales de las zonas céntricas de Manta respecto a la efectividad de la información emitida por el medio.

Se estableció que los líderes barriales consideran Diario La Marea a veces cumple con los criterios de objetividad, veracidad y oportunidad, indican además que este medio de comunicación no tiene independencia en la información, pues depende de El Diario. Indican además que la noticia es muy breve y en muchos casos no cubre con todas las problemáticas existentes en los sectores céntricos.

Objetivo específico 4: Evaluar en qué medida las autoridades han intervenido en las comunidades céntricas del cantón Manta en base a la información difundida en el diario "La Marea".

Se concluye que las autoridades del cantón Manta no se basan en la información proporcionada por Diario La Marea para intervenir en la solución de problemas de la Comunidad. Hay autoridades que consideran que las notas emitidas no son confiables o no proporcionan toda la información necesaria para conocer la problemática que se pretende informar. También recalcan la preferencia por otros medios de comunicación, como la radio, para poder conocer el acontecer en la comunidad.

Como observas, colocas el objetivo y escribes los resultados obtenidos que te permitieron cumplir dicho objetivo. Una vez concluidos cada uno de los objetivos, escribes las recomendaciones que propones como investigador. Dependiendo del tipo de trabajo que se realice dependerá si colocas una propuesta o no, si no es necesario tener una propuesta, el estudio terminaría aquí, pero si tienes que hacer una propuesta, esta dependerá del tipo de estudio:

Ejemplos de propuestas:

- La más básica es la que propone una estructura para una investigación futura.
- Cuando haces un estudio para la creación de un nuevo producto o servicio, normalmente la propuesta es un plan de negocios
- Cuando haces un mejoramiento en una institución o empresa la propuesta muchas veces es un manual o un rediseño de procesos.

A continuación te presentaré la estructura a seguir para los dos primeros tipos de propuestas:

Esquema de Propuesta de Proyecto Investigativo

PROPUESTA

Título de la propuesta

Justificación

Fundamentación

Objetivos de la Propuesta

Objetivo General

Objetivos Específicos

Ubicación Sectorial

Factibilidad

Descripción de la Propuesta

Descripción de los Beneficiarios

Plan de Acción

Administración

Financiamiento

Presupuesto

Evaluación

Este tipo de propuesta es sencilla, muchas veces no supera más de cinco hojas.

Esquema de Propuesta de Proyecto Investigativo

El Desarrollo de un Plan de Negocios es un poco más amplio, en el último capítulo te dejaré el enlace a la guía para emprendedores del Plan Emprende Ecuador, es una guía para hacer Planes de Negocios bien detallado, que se te servirá de ayuda en caso de tener que elaborar este tipo de propuesta.

Capítulo 7. Tiempos necesarios y consejos adicionales

Para poder elaborar una tesis de manera rápida, sigue las siguientes pautas:

- Cero distracciones, enfócate en tu trabajo, ya tendrás tiempo para ver tus redes sociales, navegar por internet, ver novelas, ver películas, etc. Sólo tienes permitido usar Facebook y whatsapp cuando estés enviando el enlace de tu encuesta.

- Luego que hayas coordinado con tu Tutora, y tengas aprobado el Tema, dedica un día completo a buscar información. Guarda en una Carpeta, todo lo que encuentres relacionado al tema, en el capítulo siguiente te dejo unos enlaces de libros y guías que pueden servirte.

- Dedica un día a analizar los trabajos similares que encuentres, haz resumen de cada uno de estos trabajos y revisa el índice, este día tendrás que hacer dos cosas: hacer tu estructura y hacer los antecedentes investigativos.

- Dedica un día al diseño de las encuestas, guíate de los trabajos que tomaste en cuenta al hacer los Antecedentes Investigativos. Envía a tu tutora o tutor el formato de las encuestas y una vez aprobadas crea un formulario de Google para las encuestas.

- Dependiendo del número de hojas que te pidan te demorarás en hacer el marco teórico. Plantea como objetivo una semana para el marco teórico. Ya tienes la información, ahora te toca leer y escribir resúmenes debidamente referenciados.

- La aplicación de 400 encuestas online te toma 1 semana entera. Envía a tus amigos, conocidos por mensaje o redes sociales. No olvides agradecer por apoyarte.

- Como las encuestas son online, descargar los datos en una hoja en Excel y elabora los gráficos. Esto no te debe llevar más de 3 días (incluido análisis).

- Tómate un día para revisar todo lo que has hecho y con base en los objetivos redacta las conclusiones.

- Hasta aquí termina el 60% de las Tesis de Grado. En el caso que tengas que hacer propuesta, pide ayuda al tutor para que te oriente cual propuesta sería la mejor.

- Si haces Plan de Negocios, sigue las instrucciones que tienes en el enlace: https://drive.google.com/open?id=1UzDa6VkARVDdmXSx_3G8cwlpOb8fwEaZ (también está en el siguiente capítulo).

- Una vez culminado, chequea todo el archivo, actualiza el índice y presenta a la tutora o tutor para las respectivas correcciones.

Capítulo 8. Enlaces que te podrán ayudar

A continuación te dejo los enlaces de libros, archivos, manuales, guías, que te servirán para el desarrollo de tu tesis. Espero te sean de utilidad:

Guía Plan de Negocios:

https://drive.google.com/open?id=1UzDa6VkARVDdmXSx_3G8cwlpOb8fwEaZ

Manual Investigación Cualitativa

https://drive.google.com/open?id=1URdM6UJm9XQD1d1JsmZs5ilpOAV4SZ2e

Métodos y Técnicas Investigación Cualitativa

https://drive.google.com/open?id=14iKglOBdwMZa6E_hWp0sxo0xVXDS4PAI

Guía Didáctica Investigación Cualitativa y Cuantitativa

https://drive.google.com/open?id=1IMOSPgwyauwXbp0fsosnUZMJ6Ljk8mIk

Introducción a la Investigación Cualitativa

https://drive.google.com/open?id=1BvYjMMNzsEUpTqFoaQvOthSPIsrkKwA4

Guía para el manejo de NVIVO

https://drive.google.com/open?id=1CHAeO44JvO980skK
V1bP3vU9aY6tVJep

Guía Práctica de Análisis de Datos

https://drive.google.com/open?id=1uI-
qXTyzFdK294UXw3LUfQdIYtGRs_pv

The Handbook of Online and Social Media Research (ingles)

https://drive.google.com/open?id=1wsJEqBhPSkfXXL5-
LO-fKKGfRxYyieKg

Manual de Estilo Universidad Andina

https://drive.google.com/open?id=1JAFkzRyhfSPwp3aPdt
Sd4PglGdrDTI1x

Calidad en la Empresa de Servicios

https://drive.google.com/open?id=1GSsy-
aV9PvkxHqs62xuOPoB-vTpv7CY111

Fundamentos de la recolección de datos online

https://drive.google.com/open?id=12SDDNdZKlLWk5z8
phThAwo1w5clZQvlJ

Excelencia en el Servicio

https://drive.google.com/open?id=140HjD_1e7eU9nn-
IrNsWHJzWMebLJn5C

Libro La Calidad No Cuesta

https://drive.google.com/open?id=1pRgelqjNoJSh0cfpIDs
OMfA1bZByAoDb

Libro: Servicio al Cliente

https://drive.google.com/open?id=1dHlUj7Lc2rcBdpD-
65VQap9_wmB3mGBe

Libro Control Total de la Calidad

https://drive.google.com/open?id=1JGOr8Bp4qpYCa6Qp
qqOTZpuQ8ORslOHU

Libro Marketing Educacional

https://drive.google.com/open?id=1F6L-
avCFuvuICCTp3hYBXvpZRuC0xgMU

Formato para estudio financiero (Excel)

https://drive.google.com/open?id=13x5tedhLxWmymtKud
05aepJxfmNTODbT

Otro formato Plan Financiero (Excel)

https://drive.google.com/open?id=1ydkVF7d459fDFpSpD
mYs_NG5jDRuK2Vl

Manual del Emprendedor

https://drive.google.com/open?id=16b_YObcLNXKU5uK
1qjX_joqlLC-KrTQ4

Espero que este Ebook haya sido de ayuda, lo escribí de corazón.

Si deseas alguna ayuda o asesoría específica, escríbeme al mail lindsayrangel@gmail.com, estaré gustosa de responderte.

Saludos y Éxitos

Lindsay Rangel

www.ingramcontent.com/pod-product-compliance
Lightning Source LLC
Chambersburg PA
CBHW031332250726

48656CB00005B/2083